SMART COOKIE KID

pour les enfants de 3 à 4 ans

Mary Khalil

Baha Kodir

PRÉFACE

Ce cahier de développement propose une variété d'exercices captivants conçus pour améliorer l'attention, la concentration, les intelligences multiples, la mémoire visuelle, les compétences motrices, la pensée critique, les capacités d'apprentissage, la résolution de problèmes, la créativité, et bien plus encore chez votre enfant. Pour des résultats optimaux, nous recommandons que les enfants effectuent ces activités de manière séquentielle et régulière, avec l'encadrement d'un adulte. Chaque exercice de ce livre divertissant et stimulant l'attention est accompagné d'instructions claires. Il n'y a pas de limite de temps spécifique pour chaque exercice. Ce qui est le plus important, c'est que votre enfant apprécie de concentrer son attention tout en résolvant des problèmes et en acquérant de nouvelles compétences.

Si votre enfant trouve les instructions confuses pendant une activité, il est important de clarifier ces confusions avec une explication simple et compréhensible ou en fournissant un exemple. Les encouragements verbaux positifs sont une excellente manière de motiver votre enfant lorsqu'il réussit à accomplir les exercices. Par exemple, vous pouvez dire : "Tu fais un travail incroyable !" ou "Tu es incroyablement génial(e) !"

Le livre présente des illustrations charmantes créées avec soin et expertise, spécialement conçues pour captiver l'imagination des enfants. Ces œuvres d'art délicates sont le résultat du talent d'artistes professionnels.

De plus, nous avons inclus des pages de jeux divertissants pour offrir aux parents des moments de qualité à la maison avec leurs enfants. Ces jeux amusants sont sûrs de créer des moments mémorables et de favoriser une connexion forte entre vous et vos petits.

Trouvez et marquez à quel t-shirt appartient le reflet dans l'eau.

5

Trouvez et marquez où la bouteille usagée doit être jetée.

Trouvez et marquez à quels symboles l'instrument de musique
ressemble ci-dessus.

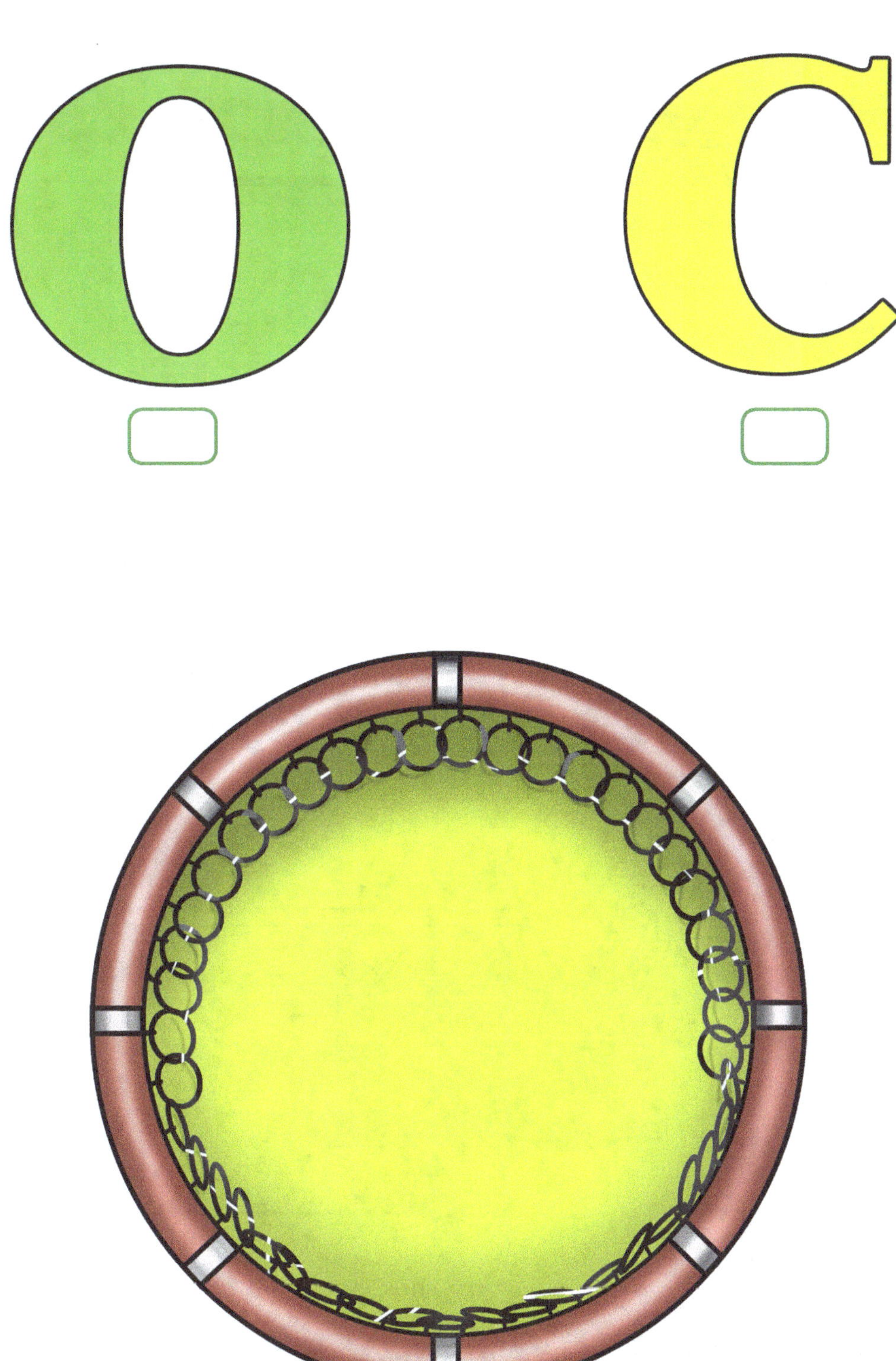

7

Trouvez les erreurs sur l'image.

Associez deux parties distinctes d'insectes.

Trouvez et marquez les couleurs utilisées lorsque l'artiste a dessiné le drapeau.

Faites des exercices oculaires en suivant les lignes avec le bébé.
Répétez l'exercice au moins 5 fois.

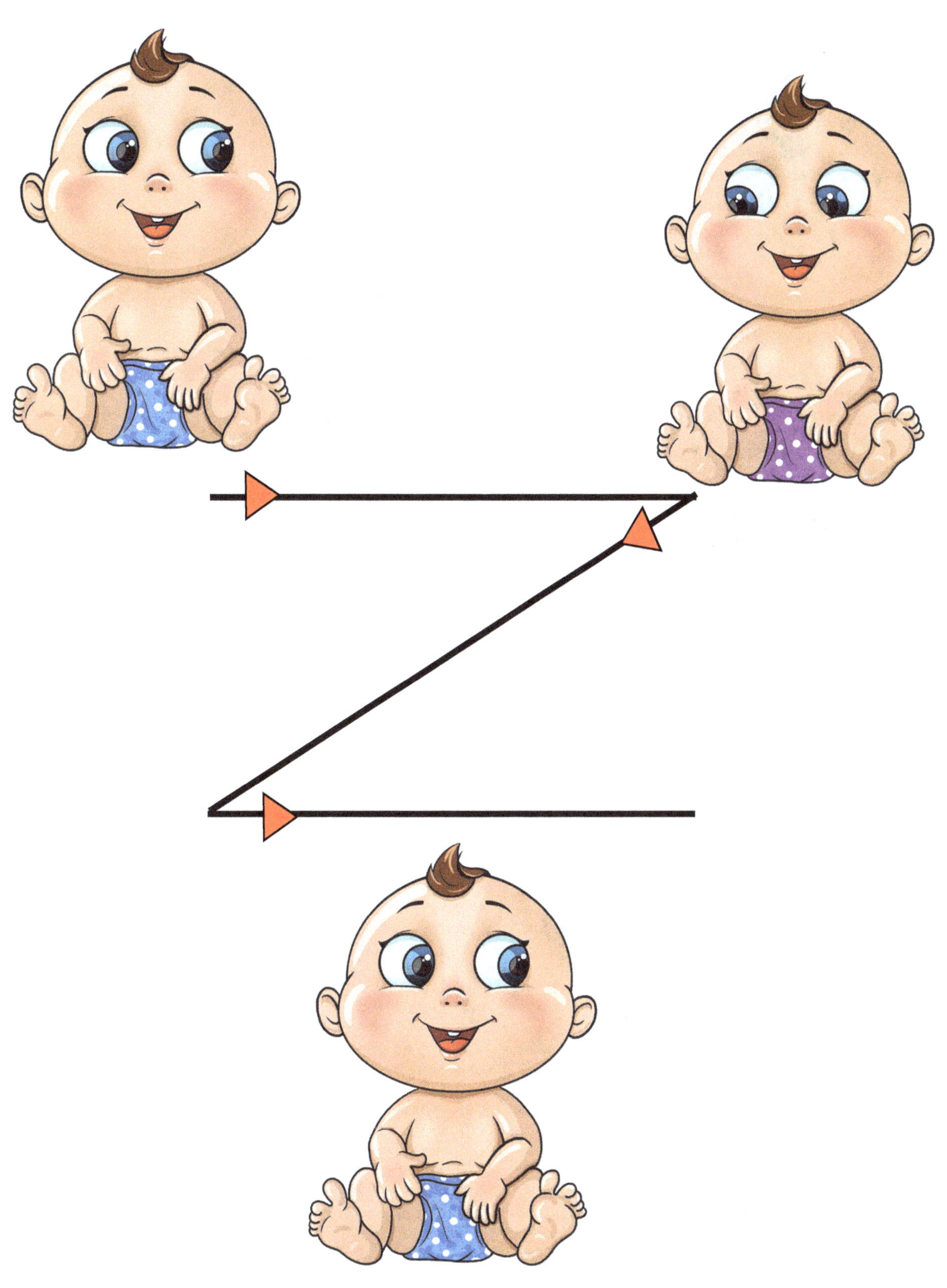

Montrez les mêmes beignets avec vos deux mains en même temps.

Trouvez et marquez lequel doit être peint en marron.

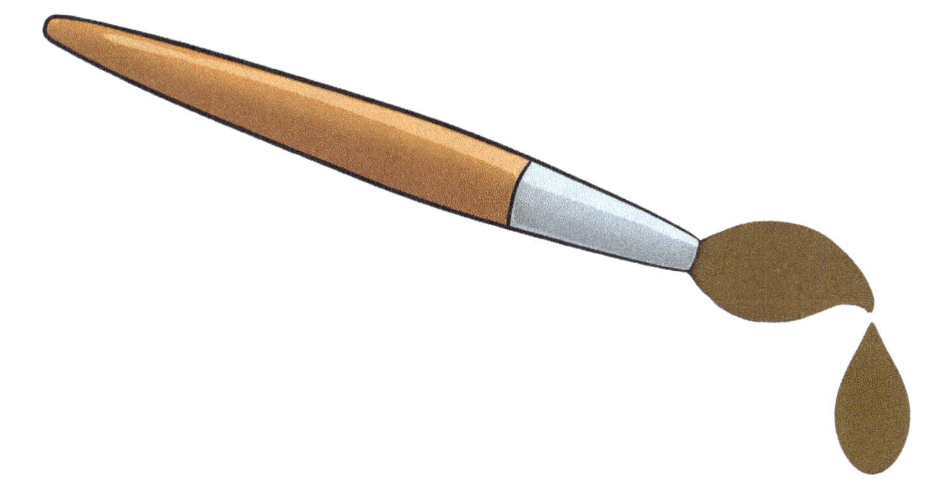

Dessinez la partie manquante du lapin que l'artiste a oubliée.

Trouvez et marquez ceux qui sentent bon.

Trouvez et marquez dans quelle ligne se trouvent les pêches dans l'arbre.

1	2	3

L'artiste a oublié de peindre certaines parties du tableau. Complétez
la peinture de chaque objet et associez-les en regardant les images.

Trouvez quatre différences entre deux jardiniers.

Trouvez et marquez à quel animal appartient la trace laissée
dans le désert.

Touchez les étoiles colorées de l'image avec vos doigts, comme dans l'exemple. Lent à rapide.

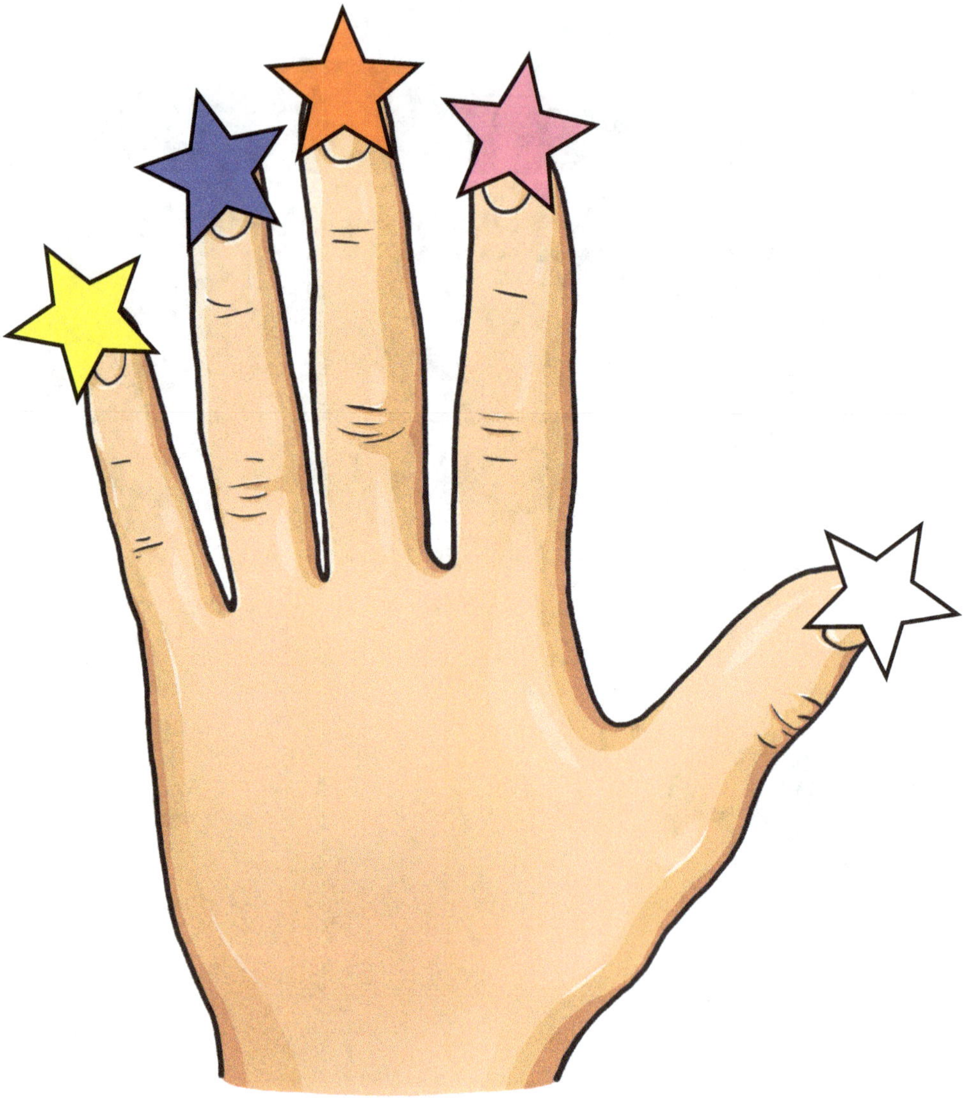

Trouvez et marquez quelle locomotive se trouve dans une direction différente.

Trouvez et marquez quel équipement sportif est le plus étrange.

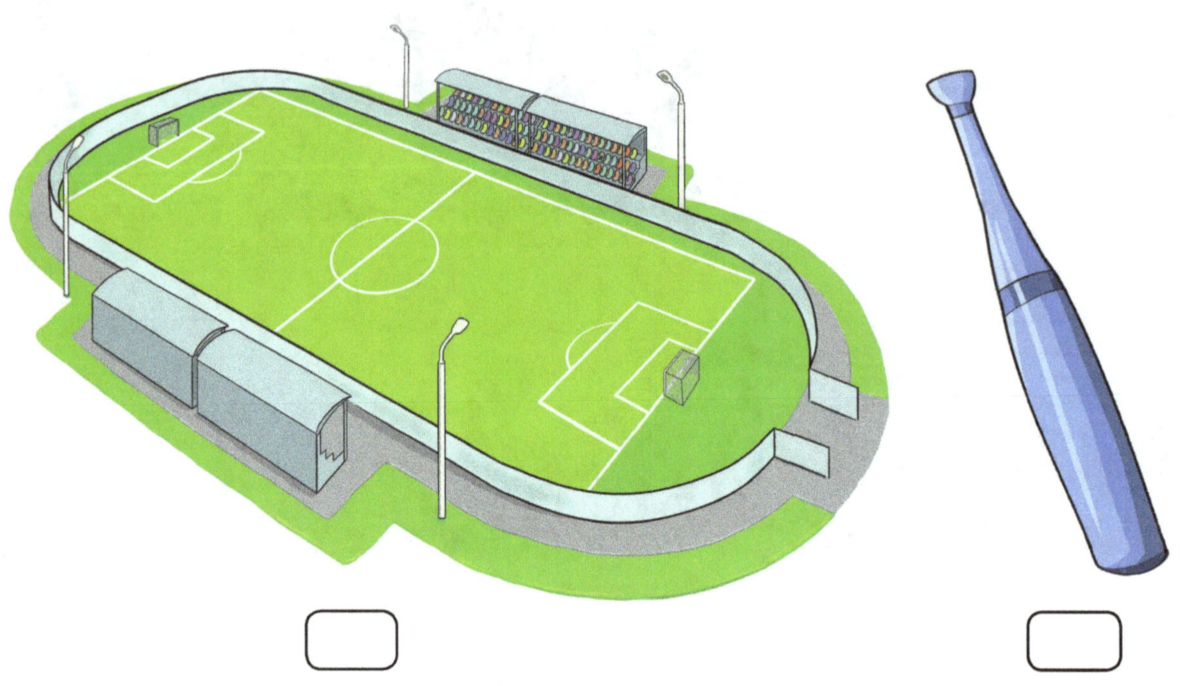

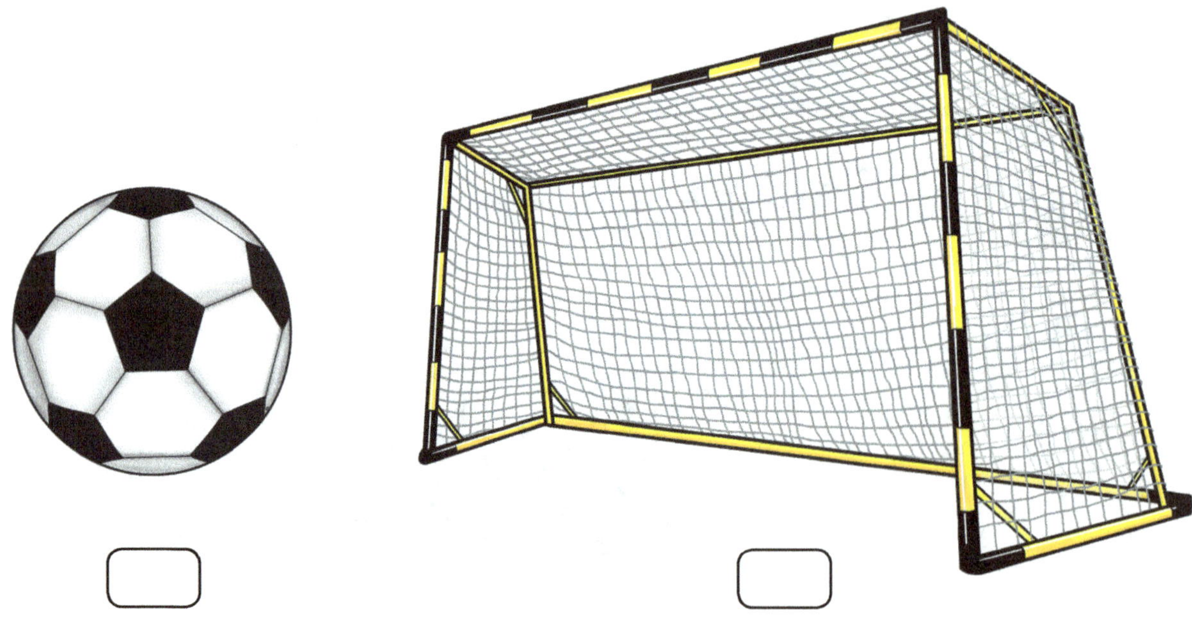

Trouvez et associez la partie appropriée qui appartient à l'écharpe.

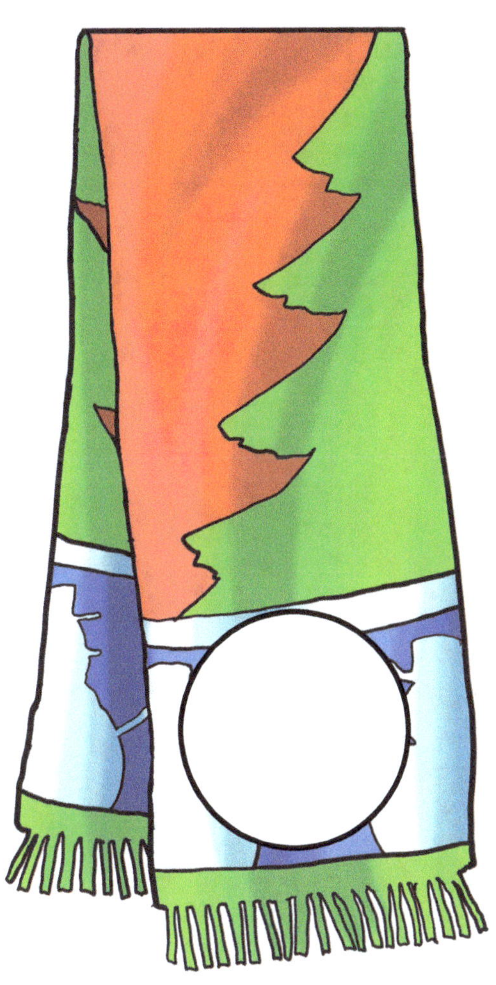

25

Trouvez lesquels d'entre eux sont bruyants.

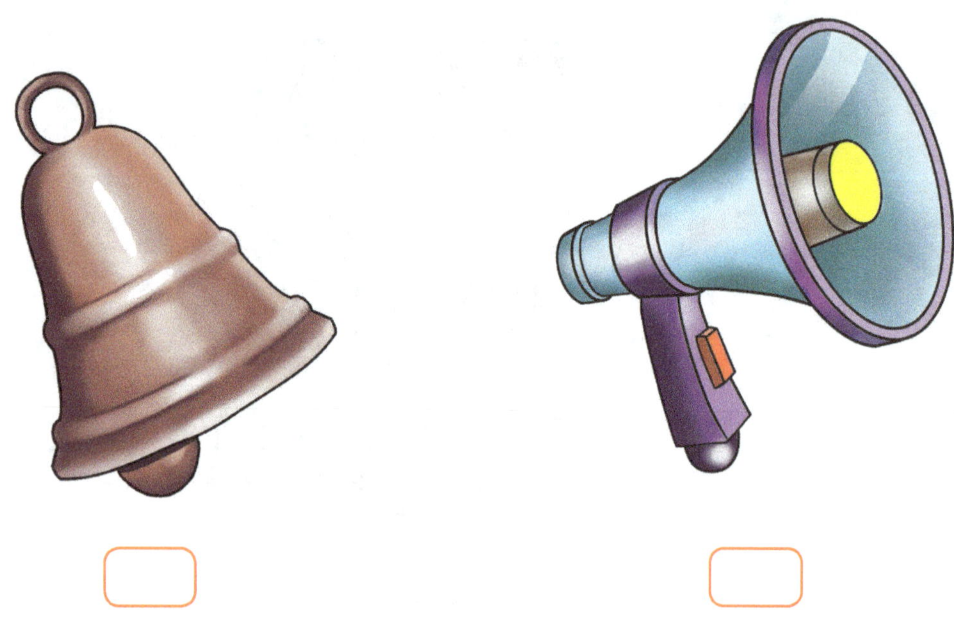

Regardez attentivement les objets dans le ciel et passez à la page suivante.

Rappelez-vous la page précédente, et marquez ce qui a été ajouté dans le ciel.

Dessinez autant de crayons que de pinceaux.

Instruction: Quelques petits objets trouvés dans la maison sont placés dans une boîte percée de trous que la main peut y insérer. Il est demandé à l'enfant de dire quel est l'objet qu'il tient en insérant sa main dans le trou.

Suggestion: Boîte, bouchon de bouteille, éponge, cuillère, etc.

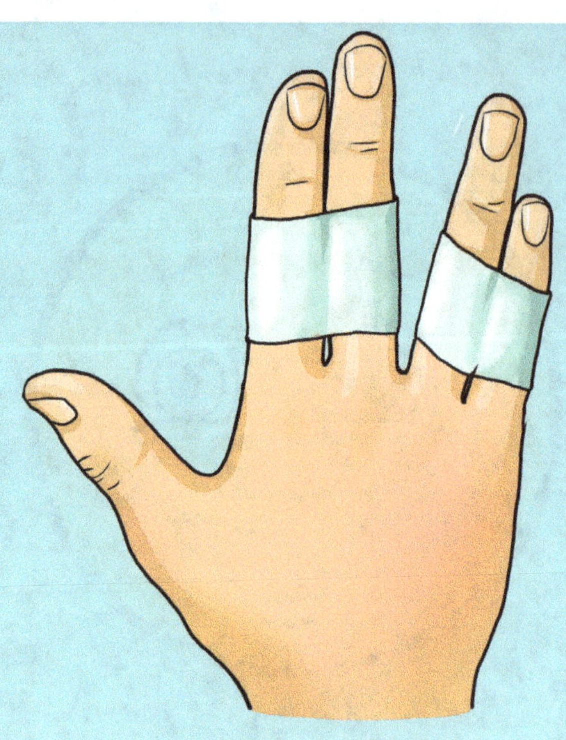

DOIGT BANDÉ

Instruction: Collez la marque et le majeur de votre enfant ensemble, ainsi que l'annulaire et l'auriculaire ensemble. Il est demandé à l'enfant de ramasser des stylos qui sont jetés au hasard sur le sol avec ses doigts scotchés.

Suggestion: Un tas de stylos et du ruban adhésif d'emballage. Les doigts peuvent être scotchés différemment et le jeu peut continuer.

www.ingramcontent.com/pod-product-compliance
Lightning Source LLC
Chambersburg PA
CBHW081205130726
47996CB00009B/3248